SÉR

LES GUIDES PRATIQUES POUR REVENIR À SOI EN CONSCIENCE

DE

CINDY PHAN

Canal et énergéticienne quantique

Volume 1

ÉLEVER SA CONSCIENCE ET TRANSMUTER SES BLESSURES

Ce guide pratique provient d'une série d'ateliers en ligne de transmission vibratoire que je réalise chaque mois.
J'ai à cœur de diffuser les informations et les visions transmises par mes guides afin de vous permettre d'élever votre conscience dans la simplicité et la fluidité.
Cette époque nous donne l'opportunité de transmuter nos blessures et c'est pourquoi elles remontent à la surface. J'évoque ici les déclencheurs et les effets miroirs que vous vivez avec les personnes que vous attirez dans votre vie, ainsi que les schémas répétitifs de souffrance.

J'aborde ces points de manière à vous offrir des clés de libération et de guérison, afin de mettre définitivement un terme à ces schémas pour que vous puissiez ainsi mieux naviguer sur des fréquences beaucoup plus élevées.

À l'heure actuelle, nous libérons les mémoires transgénérationnelles, les mémoires de nos lignées et de nos ancêtres, rendant ainsi à la matrice ce qui lui appartient. Dès notre enfance, nous sommes conditionnés et placés dans des cases. On nous a dit quoi faire, comment vivre et comment penser.

Nous avons hérité de nombreux dogmes et croyances limitantes et notre mental est surinformé. L'incarnation dans la matière a pour but de libérer toutes ces blessures, les traumas de nos ascendants et de nos vies antérieures afin de vivre concrètement l'Amour et la Lumière sur terre.

Nous sommes ici pour créer ce nouveau monde, le bâtir ensemble et voir émerger ce que nous appelons l'ère du Verseau. Pour ceux qui connaissent Dolorès Cannon qui a écrit le livre “Les trois vagues de volontaires”, nous faisons partie de cette vague, nous sommes ces âmes venues incarner le changement et une nouvelle manière d'être pour les nouvelles générations.

Rappelez-vous que nous sommes des êtres divins incarnés dans un corps de chair. En réalité, tout est énergie. La première étape pour entrer en communication avec les mondes subtils est la croyance.

Einstein disait : *«Il y a deux façons de concevoir sa vie. Une est de penser que les*

miracles n'existent pas - et l'autre de penser que chaque chose est un miracle.
Autrement dit : Si tu crois que la vie est miracle, tu vivras des miracles. À l'inverse, si tu crois que la vie est souffrance, difficulté et que tu es une victime, alors ce sera ta réalité ». Soyez donc extrêmement vigilants, car votre pouvoir créateur est illimité, et nous sommes actuellement en train de nous rappeler de toutes nos capacités extrasensorielles et intuitives.

Nous nous dirigeons vers un monde vibratoire où il est essentiel de contacter l'intelligence du cœur.
Voilà pourquoi nos guides nous encouragent à évoluer depuis les évènements planétaires qui sont arrivés en mars 2020.

Dans ce contexte, nous avons tous été forcés à ralentir afin de nous permettre de développer notre intériorité.

Beaucoup ont opéré un virage à 360°, changé de métier, de lieu, développé un talent, une passion…
La matrice, quant à elle, nous pousse au faire, de façon à ce que nous n'ayons pas le temps de nous poser à l'intérieur de nous et justement retrouver nos dons et nos capacités intuitives.

Dans cette période, nous sommes énormément aidés et incités à ressentir plutôt qu'à penser. Le cœur est la seule porte d'entrée dans la cinquième dimension.
C'est la porte de l'Amour. La matrice peut en effet accéder à votre mental, à votre égo, mais jamais à votre cœur, car il lui est impossible de vibrer dans l'Amour.

Voilà pourquoi j'insiste tant sur l'importance de se détacher du mental.

Je dis souvent que je ne fais pas de développement personnel, bien que je ne porte aucun jugement sur ces pratiques. D'ailleurs, j'ai moi-même dévoré tous les livres possibles depuis mes 15 ans, jusqu'à ce que je cesse complètement il y a 6 ans.

Le développement personnel a été bénéfique dans le passé, mais maintenant il vous bloque à un certain niveau, car nous restons toujours dans une approche mentale.

Apprendre sans cesse des techniques et des pratiques vous maintient dans un système pyramidal, vous faisant croire que vous n'en savez jamais assez.Vous tombez dans une sorte de surconsommation d'informations qui demeure malheureusement à un niveau mental.

C'est pourquoi beaucoup de personnes ne parviennent pas à manifester ce qu'ils désirent vraiment avec la loi de l'attraction.

Il leur manque l'ingrédient principal, partie intégrante de l'alchimie : l'Amour.

Nous ne pouvons rien attirer et manifester quoi que ce soit de positif sans la vibration de l'Amour. Il est donc important de développer vos ressentis. Quand vous êtes dans le mental, vous n'êtes plus dans le corps.

Ici, je vous propose ce retour à l'intérieur, en votre centre, dans cette ouverture du cœur. Je vous le souhaite sincèrement, car lorsque vous élevez votre fréquence vibratoire, et c'est ce que je vis, tout devient tellement plus fluide.

Ce n'est plus vous qui œuvrez avec votre petit mental englué dans des vibrations de peur, qui se pose des milliers de questions et se demande comment faire.

À l'inverse, vous êtes totalement téléguidé par votre Soi Divin. Il vous reste simplement à écouter et être attentif aux signes et aux manifestations de ce que vous voulez vraiment dans la matière. Ainsi, vous créez

sans arrêt. Cela demande de la pratique et surtout du détachement.
Quand vous êtes bloqué dans le mental, c'est comme si un gros nuage était suspendu au-dessus de votre tête et que les guides étaient en train d'hurler, mais c'est tellement surchargé qu'il vous est impossible de les entendre.
La voie que j'emprunte personnellement est celle du *dépouillement personnel* plutôt que du développement personnel.
Dépouiller signifie se dévêtir, à la manière d'un arbre qui perd ses feuilles. C'est de l'ordre du désencombrement, désapprendre pour créer un espace de vide. Rien ne peut entrer si c'est encombré.
Dans cet espace vacant, vous pénétrez dans la Conscience, vous êtes plus présents et vous n'êtes plus prisonnier de votre mental et de votre égo, vous devenez un être libre, un être souverain.

Cela demande d'avoir le réflexe de redevenir observateur en tout temps, de vous désidentifier en permanence de vos pensées et de vos émotions.
Aujourd'hui, nous sommes invités tous ensemble à effectuer ce grand saut quantique et à aller vers l'inconnu.
Beaucoup de personnes me demandent comment faire pour avoir la foi.Il s'agit tout simplement d'avoir confiance en la vie.
À de nombreux moments dans votre parcours, vous avez été en difficulté, vous avez prié et demandé de l'aide.
Bien souvent, vous l'avez reçue dans la matière, venant de nulle part, au moment où vous ne vous y attendiez pas, car la Lumière s'infiltre à travers des personnes agissant comme des messagers.
Ainsi, dites-vous qu'à chaque instant, vous pouvez refaire confiance. C'est essentiel et c'est cela avoir la foi.

Que diriez-vous maintenant de faire l'expérience avec moi de cette écoute intérieure ?

Je vous invite à faire 3 respirations conscientes.
Inspirez par le nez en gonflant le ventre.
À l'expiration par la bouche, accompagnez votre souffle du son « haaa… ».
Je fais maintenant appel aux sensations dans votre corps.
Revenez au moment présent.
Ressentez la pièce dans laquelle vous êtes, les murs autour de vous, le toit, les fenêtres, la porte, la température de la pièce.
Vous êtes en parfaite sécurité ici et maintenant. Le passé n'existe plus, le futur pas encore, seul le moment présent est réel.

Le souffle est le point d'ancrage qui vous permet de toujours revenir à votre centre, à l'intérieur.

Je vous invite à ressentir le poids de votre tête, votre cou, vos épaules, vos bras, vos avant-bras.

Nous allons faire redescendre tout le poids du haut vers le bas. Vous pouvez entrouvrir légèrement la bouche et opérer de petits mouvements de gauche à droite avec la mâchoire pour la déverrouiller.

Il se peut que vous ayez envie de bailler, c'est très bien, cela permet de relâcher les tensions.

Décontractez les épaules, les bras, les avant-bras.

Redescendez maintenant progressivement dans la poitrine, le ventre, le bassin.

Imaginez un petit fauteuil dans le ciel qui entre à l'intérieur de vous et glisse jusque dans votre bassin.

Invitez maintenant votre Soi Divin à s'assoir dans cet espace.

Ressentez le coussin ou la chaise sur laquelle vous êtes assis.

Relâchez la partie pelvienne, le coccyx, le sacrum. Imaginez que votre bassin prend de plus en plus de place, de gauche à droite. Votre bassin est votre maison, le siège de votre sécurité.
Ressentez maintenant vos cuisses, vos mollets, vos pieds, et plus subtilement, le contact de vos vêtements sur votre peau. Vous êtes assis ici et maintenant dans votre bassin.
Visualisez des racines à la base de votre colonne vertébrale, tel un arbre à travers vos cuisses, vos mollets, vos pieds.
Multipliez et déployez vos racines dans la terre, jusqu'à son noyau.
Enveloppez vos racines au noyau de la terre et respirez.
Ressentez l'énergie de la terre mère. Pour les plus sensibles, ressentez les battements du cœur de Gaïa.
Maintenant, comme la sève d'un arbre, faites doucement remonter cette énergie

nourricière, cette énergie d'abondance, cette énergie d'Amour qui n'attend rien en retour, à travers vos pieds, vos mollets, vos cuisses, votre chakra racine, votre chakra sacré, votre plexus solaire, votre cœur, votre gorge, votre troisième œil et votre chakra coronal.
Au sommet de votre crâne, visualisez un petit filament doré qui s'étend vers le haut et allez chercher le soleil central.
Ressentez la chaleur du soleil sur votre peau.
Prenez cette énergie et faites-la redescendre à travers le filament vers votre tête, votre troisième œil, la gorge, le cœur, le ventre, le nombril, le bassin et vous pouvez même en offrir à la terre-mère à travers vos racines, dans le noyau. Merci.
Dessinez maintenant un cercle autour de vous. De ce cercle, visualisez un tube de lumière qui part du noyau de la terre jusqu'au soleil, un tube blanc opaque, lumineux, puissant. Vous êtes à l'intérieur de

ce tube, avec assez d'espace pour vous sentir à l'aise. C'est votre propre canal.

J'appelle maintenant tous les êtres divins d'Amour et de Lumière qui m'accompagnent et l'Archange Michaël*.
Comme vous avez votre libre-arbitre, je vous demande d'autoriser l'Archange Michaël à réaliser son travail de nettoyage ici et maintenant.
Visualisez des paillettes argentées qui descendent du ciel comme une douche dans votre canal. Elles passent à travers la tête et descendent dans le bas du corps.
« Je demande ici et maintenant le nettoyage de tous les miasmes et scories et toutes les charges émotionnelles et psychiques. »
Pour vous aider, vous pouvez rapatrier toute la charge mentale et émotionnelle et la prendre entre vos mains au-dessus de votre tête comme si vous formiez une bulle avec vos doigts.

En respirant, faites-la descendre dans votre canal. Vous pouvez la laisser partir, vous n'en avez plus besoin.

Maître Saint-Germain* se manifeste maintenant avec sa flamme violette. Visualisez cette flamme violette géante au-dessous de vous.
Je vais vous inviter à y faire descendre toutes vos charges, vos pensées, tout ce qui vous pèse, les difficultés du moment que vous ne parvenez pas à régler. Nommez-les à l'intérieur de vous et laissez-les se diriger vers cette flamme au-dessous de vous. Relâchez le sacrum et la partie pelvienne pour que l'énergie circule.
Imaginez des charbons noirs qui représentent vos tracas, vos frustrations, vos peurs et lâchez-les.
Laissez le Maître ascensionné Saint-Germain créer plus d'espace de vide. Pour cela, il est important de vous en remettre à la Source,

en confiant toutes ces charges et en les transmutant dans cette flamme violette, dans ce feu sacré. Respirez.
Prenez quelques instants pour profiter de cette purification, de ce nettoyage.
Si des émotions remontent, c'est ok.
Vous pouvez aussi déposer la colère, l'impatience, la tristesse.
Libérez toutes vos charges émotionnelles.

Accordons-nous maintenant ensemble à la fréquence alpha, cette fréquence où les pensées sont de moins en moins nombreuses.

Pour cela, placez votre conscience au niveau de votre tête et étirez de plus en plus votre cou, comme une girafe, tout en restant bien ancré au sol.
Le corps est relié à la terre et vous allez progressivement vous élever en faisant de petits bonds, d'un mètre, de deux mètres,

lentement. Regardez votre corps du haut. Doucement, montez de plus en plus haut. Vous traversez maintenant le plafond de la pièce dans laquelle vous vous trouvez.
Vous voyez la maison dans laquelle vous vivez, les rues avoisinantes.
Découvrez votre village, votre ville, vos voisins.
Vous vous élevez de plus en plus et vous pouvez apercevoir toutes les autres villes de votre pays.
Montez encore davantage, et voyez maintenant apparaître les continents et les océans.
Vous avez dépassé les nuages et votre vision est de plus en plus claire. Vous vous élevez de plus en plus haut, jusqu'aux étoiles, et vous distinguez maintenant la terre mère vue du ciel
Votre corps quant à lui est en bas, bien ancré. Vous êtes ici dans cet espace. Respirez.

Observez la terre depuis l'espace. Appréciez cette fréquence sur laquelle vous êtes, c'est la fréquence alpha.
Ici, vous remarquez que le flot de pensées a pratiquement disparu. C'est un état de calme et de sérénité dans lequel vous pouvez vous réfugier à tout instant.
Depuis cet espace, murmurez à l'intérieur de vous-même : « Je m'harmonise avec les fréquences célestes de Lumière et d'Amour les plus élevées, ici et maintenant ».
Si c'est plus facile pour vous, vous pouvez dire : « Je demande à m'harmoniser avec les fréquences les plus élevées, dans l'Amour et la Lumière, pour le plus grand bien de tous et de moi-même ».
Revenez maintenant, doucement.
Prenez le temps. Vous rapatriez ces fréquences et ces énergies dans le corps. Redescendez, traversez les nuages, vous vous rapprochez de plus en plus de la terre, vous

voyez les océans, les continents, puis les pays, votre pays.
Vous revenez de ville en ville, de village en village jusqu'à chez vous.
Vous traversez le plafond et votre tête revient petit à petit au niveau de votre cou.
Respirez.
Redescendez encore plus bas. Rapatriez à nouveau votre conscience dans votre bassin.
Respirez profondément.
Prenez quelques instants pour ressentir les sensations dans votre corps, les sensations de chaud, de froid, les picotements, l'expansion, l'ouverture de cœur, peut-être plus de légèreté et d'espace vide en vous, un mental plus calme, plus apaisé.
Revenez ici et maintenant et buvez de l'eau.
Nous allons continuer ce partage par une élévation de la Conscience.
Je vais poser une première affirmation et vous inviter à observer le ressenti dans votre corps.

Imaginez pour cela que vous êtes un corps sans tête et mettez toute la conscience au niveau de votre cœur.
Pour vous aider à amplifier ce ressenti, il vous suffit de penser à quelqu'un que vous aimez très fort, un humain, un animal ou un arbre et d'émaner cet amour depuis votre cœur vers cet être, puis d'expanser cet amour.
Vous pouvez aussi imaginer la couleur vert émeraude qui emplit l'ensemble de vos corps énergétiques.

Voici la première affirmation :
« Votre mission d'âme sur cette terre est de nettoyer le bas astral et toutes les entités errantes. »

Ressentez les sensations que ces mots soulèvent à l'intérieur de vous.
Est-ce que votre cœur s'ouvre ou se ferme ?
Ressentez les mouvements du corps.

Voici maintenant la deuxième affirmation :
« Votre mission d'âme sur terre est de vous accepter tel que vous êtes, de vous aimer, de rayonner dans l'Amour et la Lumière, autour de vous et avec tout ce qui entre en contact avec vous et de vous souvenir que vous êtes l'Amour, que vous êtes l'incarnation même de l'Amour sur terre. »

Ressentez les sensations. Comment réagit votre cœur ? S'ouvre-t-il ou se ferme-t-il ? Quel est le mouvement du corps ?

Laquelle de ces deux expériences provoque l'ouverture de votre cœur ?

Vous constaterez probablement que la deuxième affirmation ouvre le cœur alors que la première a tendance à le contracter.
Cette mini-expérience nous montre que le corps est une vraie boussole et combien il est essentiel de s'y relier.

Plus vous développez vos ressentis, plus vos capacités intuitives et extrasensorielles se déploient.

Sans doute, savez-vous déjà qu'environ 60 000 pensées nous traversent chaque jour. La majorité d'entre elles ne vous appartient pas.Beaucoup sont des dogmes reliés à la matrice.
Voilà pourquoi certaines personnes restent coincées, car l'ombre s'infiltre uniquement par la porte du mental.
Le meilleur moyen d'être protégé est de rayonner l'Amour.
Lorsqu'une personne vous parle, fiez-vous désormais à votre ressenti, car elle peut avoir une belle apparence et diffuser de magnifiques paroles, mais être dans le mensonge.
Le seul moyen de le savoir est de ressentir si votre cœur s'ouvre ou se ferme. Cette boussole intérieure vous permettra de

discerner quand une personne est en fréquence basse ou que ses intentions ne sont pas nobles ou pures.
Pratiquez cela le plus souvent possible dans la journée avec les personnes que vous côtoyez ou que vous avez au téléphone.
Si vous sentez que votre cœur se ferme, vous pouvez mettre un terme à la conversation ou vous éloigner si vous sentez que votre énergie est happée.
Actuellement de nombreuses personnes ne savent pas chercher leur propre lumière à l'intérieur et ne veulent pas faire le travail en étant responsables et conscientes.

Je vous invite à faire preuve de beaucoup de compassion envers ces personnes qui ont le mental très agité et qui sont comme prisonnières de leurs peurs et engluées dans cette vibration de manque. Elles vont essayer de puiser cette Lumière chez vous.

C'est ce que nous appelons les vampires énergétiques.
Faites appel à vos ressentis et entourez-vous au maximum de personnes aux énergies lumineuses.
Si vous n'arrivez pas à côtoyer ce type de personnes dans le physique, faites-le au moins à distance.
Plus vous allez élever votre vibration, plus vous serez magnétique à des personnes qui résonnent sur une fréquence similaire.
C'est comme écouter la même musique. Vous pouvez également demander à rencontrer les bonnes personnes sur votre chemin.
Si vous restez bloqué dans votre mental, vous ne pouvez pas vous relier à votre âme et votre Soi divin et vous vous maintenez à un certain palier.
Ainsi, la pratique spirituelle que je vous invite à suivre consiste à devenir l'observateur, à la manière de l'aigle.

Ce flot de pensées qui vous traversent chaque jour fait partie d'un champ informationnel qui rôde autour de vous et pénètre votre mental.

Imaginez-vous vivre une situation spécifique avec une personne et que la pensée « cette personne me veut du mal » surgisse.
Votre égo se met alors en mode survie et un disque se crée dans votre esprit. Ce dernier va raconter des histoires et mettre cette personne dans le collimateur.
Si vous restez coincé dans ce disque, vous allez descendre dans l'émotionnel et créer de la colère, de la frustration ou de la tristesse.
Cela se produit parfois avec une personne que vous aimez profondément, mais dont le comportement va faire resurgir un trauma, une blessure du passé, de vie antérieure ou de lignée et vous vous retrouvez enfermé dans ce disque.

Lorsque vous traversez ces phases émotionnelles, il est inutile d'essayer de lutter contre les pensées.
Vouloir générer artificiellement des pensées positives ne fonctionne pas puisque vous appliquez du mental sur du mental.
Au contraire, cela renforce la charge d'informations et ne permet pas de redescendre dans le cœur.
Or, la porte du cœur est la seule qui permet d'entrer en cinquième dimension. C'est dans cet espace-là que vous pouvez retrouver toute votre sérénité et que la paix se réinstalle.
Si malgré tout vous tombez dans la charge émotionnelle, acceptez cet état, car si vous luttez, cela va persister et s'amplifier.
Actuellement, avec les énergies présentes très intenses, beaucoup de déclencheurs réactivent vos blessures profondes, et peut-être vous demandez-vous pourquoi ?

En réalité, nous sommes ici pour aider la terre à vibrer dans la cinquième dimension.
Cette dimension est connectée à la fréquence d'Amour. Dans cet espace, tout ce que l'on nous a enseigné, les dogmes, les croyances limitantes, les blessures, les traumas et toutes les charges émotionnelles associées comme la colère et les peurs n'ont pas leur place.
C'est pourquoi il est important de nettoyer.
On ne rentre pas dans la cinquième dimension avec les pieds sales.
Cependant, quand certaines expériences se produisent, que vous traversez la colère ou la tristesse, il est important de ne pas culpabiliser.
Reconnaissez simplement qu'une part de vous est en colère.
Ne dites pas « Je suis en colère » mais « Une part de moi est en colère ». Cela aide à en réduire l'intensité. Voyez que cette part qui se manifeste a un besoin.

Plus vous serez dans l'accueil et plus vous pourrez transcender cette émotion.
Confiez-la à la terre et demandez à votre équipe de la transmuter.
Vous pourrez ainsi recréer ensuite cet espace de vide.

La colère se manifeste au sein d'une sorte de cycle. Nos enfants sont d'ailleurs nos meilleurs enseignants. Ils vivent leur état émotionnel pleinement dans l'état présent. Ils vont piquer une crise, se rouler par terre, pleurer et la minute d'après, ils vont repartir jouer. C'est un mécanisme sain.
Souvent, les adultes ne s'autorisent pas la colère. Elle est mise sous cloche. Prétendre que tout va bien ne fonctionne pas et entraîne au contraire encore plus de frustrations.
La souffrance présente à l'intérieur demande à être nettoyée, accueillie et évacuée.

Ainsi, lorsqu'une émotion se présente, la première étape consiste à l'accueillir avec douceur.
La colère est saine, elle indique qu'une limite a été franchie et nous invite à nous respecter. Une fois libérée, vous recréez l'espace de vide.
La tristesse peut alors émerger et la joie à nouveau accueillie. Il est impossible de passer directement de la colère à la joie.

J'évoquais précédemment le dépouillement, qui représente pour moi la voie du renoncement.
Renoncer à s'identifier aux histoires que votre mental se raconte.
Lorsque vous avez des pensées parasites, vous avez le choix de prendre de la hauteur, de les voir comme des nuages et de devenir l'observateur.
Voilà ce que signifie se placer d'un point de vue de la conscience.

« Je ne suis pas mes pensées. Je vois cette pensée qui tente de s'emparer de tout mon être, mais je ne suis pas cette pensée. »

Quand vous parvenez à faire cette gymnastique d'esprit, à vous placer à l'extérieur, votre mental diminue d'intensité, il ne prend plus possession de vous.
Voilà ce que nous appelons la désidentification du mental et de l'égo.
Vous ne produisez pas vos pensées, c'est un champ informationnel créé par la matrice pour vous empêcher de reconnecter avec votre pure essence divine.
Quand vous prenez conscience de cela, vous ne vous laissez plus happer par ce piège et vous vous élevez.

Ainsi, nous avons d'un côté, le mental, l'égo, et de l'autre, le Soi Divin.
Le mental c'est le personnage.

L'égo va toujours chercher l'amour, il veut être reconnu, être aimé.
Le Soi Divin quant à lui cherche à aimer.
Dans cet espace, vous vous souvenez que vous êtes l'Amour, nous sommes l'Amour, la Source qui s'est défractalisée, c'est-à-dire divisée.
Si vous êtes une part de la Source, vous êtes la Source.
Si la Source est l'Amour, vous êtes une part de l'Amour.
Le seul travail est de s'en souvenir, c'est tout.
Avec l'égo, la recherche est toujours orientée vers l'extérieur.
Avec le Divin, la reconnaissance provient de l'intérieur, c'est l'Amour qui émane vers l'extérieur. Voilà la différence.
C'est cela incarner le Soi Divin.Quand nous n'attendons plus rien de l'extérieur, nous vivons dans un espace de paix et nous pouvons distribuer cet Amour aux arbres, aux végétaux et aux autres êtres humains.

C'est finalement très simple, mais la matrice nous a appris à rendre les choses complexes, à croire que nous devions mériter et souffrir pour réussir. C'est faux.
Aujourd'hui, il nous est demandé de quitter le FAIRE pour entrer dans L'ÊTRE.
L'être ralentit, il s'écoute et ressent. La première mission d'âme est de s'aimer. Pour cela, il est nécessaire d'apprendre à se connaître.
Nous sommes tous différents. Nous faisons tous partie d'un grand orchestre, chacun avec sa note de musique et nous allons tous dans la même direction.
Nous sommes actuellement en train d'harmoniser nos notes. Ainsi, plus nous nous délestons de tout ce qui n'a plus lieu d'être, plus nous rejoignons cette harmonie.

Dès que vous observez une pensée limitante, vous pouvez faire ce mouvement de la prendre dans votre main et de l'effacer.

Si je surprends une pensée qui déclare : « C'est compliqué », je peux dire, « J'efface, C'est facile ».
Croyez-moi, lorsque vous réalisez ce travail spirituel au quotidien, vous êtes immensément récompensé, car votre réalité change et les expériences que vous attirez à vous aussi.

J'aimerais maintenant partager pourquoi certains d'entre vous vivent aujourd'hui des expériences douloureuses où les blessures sont réactivées avec une puissance décuplée.

J'ai moi-même traversé une longue errance et je comprends sincèrement ce que certains d'entre vous expérimentent actuellement.
Beaucoup vivent une forme de dépouillement, qu'il soit matériel, sentimental ou professionnel.
À un moment de mon parcours, j'ai moi-même été confrontée à cette expérience.

À l'époque, toutes mes possessions tenaient dans une voiture. J'ai laissé l'Univers me guider pour savoir où il était bon pour mon âme de vivre.
Un soir, à l'intérieur de mon cœur, j'ai vraiment déclaré être prête et j'ai dit : « Je me mets au service de mon âme ».

Je vous encourage vous aussi à revenir dans le cœur afin de vous réaligner dès que vous sentez que vous faites des choix à partir du mental et que ça coince.
Ne faites pas les choses par peur, faites-les par Amour.
De cette manière, vous serez toujours aimé, protégé et soutenu.
Voilà pourquoi je dis souvent : « Je me bats pour l'Amour, pour la Lumière, mais jamais contre quoi que ce soit ».
Cependant, lorsque vous vous décentrez, ne vous jugez pas et posez-vous cette question : « Comment puis-je mieux servir ? ».

Un jour, je me suis dit : « Si mon âme veut que je sois boulangère, je serai boulangère, si elle veut que je sois canal, je serai canal ».
Je ne l'ai pas planifié. C'est venu à moi.
Par exemple, je n'ai pas eu besoin d'utiliser mon mental pour trouver le lieu dans lequel je vis actuellement. Il en sera de même pour tout ce que je vais créer par la suite. Je le sais.
C'est ce que je vous souhaite aussi à tous. De cette manière, votre vie sera plus légère et plus fluide. C'est tellement plus agréable.
De plus, en vibrant de cette manière, vous serez tellement magnétique que vous allez retrouver tous vos semblables.

Voici un autre point que j'aimerais vous partager. Comme je l'ai déjà mentionné, tout est énergie.
Aussi invraisemblable que cela puisse paraître, toutes les situations qui nous arrivent ont été choisies avant de nous

incarner. Nous avons conclu des contrats d'âmes et nous nous sommes accordés pour vivre ces expériences.
Pourquoi en est-il ainsi ?
Parfois, dans une vie antérieure, vous avez mal agi. Lors de la transition, vous faites le bilan de ce que vous avez appris avec votre équipe et vos guides :
« Qu'as-tu appris dans cette vie ? »,
« As-tu appris à te pardonner ? ».
Si la réponse est non, vous repartez sur la terre. Si vous quittez une vie avec de la culpabilité et de la honte, vous devrez vous réincarner et revivre ces expériences afin de transmuter cela.
Beaucoup sont revenus sur terre pour dire stop à toutes les souffrances de leur lignée. Cela vous demande ce travail de nettoyage et de transformation.
Quand vous guérissez vos blessures, vous libérez en même temps vos ascendants et vos descendants.

Dans une ancienne vie, vous avez pu être par exemple mari et femme, frère et sœur, et peut-être dans celle-ci serez-vous simplement collègues, amis pour revivre des expériences vous conduisant à travailler sur la conscience et vos blessures.

Aujourd'hui, les énergies sont de plus en plus intenses.
Il nous est demandé d'accélérer ce nettoyage, parce qu'en cinquième dimension, il n'est pas possible de conserver nos vieilles casseroles.
La bonne nouvelle est qu'avec les énergies actuelles, le processus est beaucoup plus rapide et il est inutile de suivre 10 ans de thérapie.
Actuellement, il s'agit plutôt de placer de la conscience sur les traumas et les blessures, c'est-à-dire mettre de la Lumière, voir clairement et cesser d'être dans le déni.

Voilà pourquoi certains d'entre vous rencontrent des expériences qui agissent comme le déclencheur d'une blessure remontant de l'enfance.
Ce sont parfois des pensées apparemment bénignes, qui vont cependant vous faire mal à 1000%.
Si vous avez par exemple la blessure du rejet ou de l'abandon et qu'un ou une amie vous ignore, vous serez impacté encore davantage qu'avant.
Les énergies actuelles intensifient le phénomène pour que cette fois-ci, vous ne fuyiez pas.
Dans les temps présents, tout pousse à l'intérieur pour que nous reconnaissions ce qui est en nous.
Beaucoup de relations, qu'elles soient sentimentales, amicales ou professionnelles viennent faire rejaillir vos blessures de rejet ou d'abandon.

Elles s'ouvrent à nouveau pour être vues, pour que vous arrêtiez de chercher cet amour à l'extérieur et que vous vous le donniez à l'intérieur.

Si vous parvenez à prendre du recul et à voir chaque personne que vous croisez comme une part de vous-même, que vous réalisez le travail intérieur de libération et de guérison, alors votre horizon change.

Aujourd'hui, il n'est plus possible d'aimer qui que ce soit plus que vous-même.

À chaque fois que vous le faites, vous perdez votre pouvoir et comme l'univers veut que vous repreniez votre souveraineté, que vous incarniez pleinement votre Soi Divin, il va placer sur votre chemin le même type de personnes et d'expériences afin que vous compreniez.

À chaque fois, c'est de plus en plus intense, jusqu'à ce que cela soit si douloureux que vous saisissiez la leçon.

Malheureusement, l'être humain est parfois obligé de passer par des souffrances pour comprendre.
Moi-même, je freinais pour lâcher certaines activités et une sciatique m'y a contrainte. Coincée chez moi, j'ai été obligée de ralentir. J'ai lâché des couches du passé pour m'ouvrir encore davantage à l'inconnu.

Ainsi, pour ceux qui vivent le rejet ou l'abandon, posez-vous la question : « Quelle est la part de moi que je rejette ou que j'abandonne ? ».

Quand vous êtes en quête d'amour à l'extérieur, à la place de vous l'offrir à vous-même, vous êtes dans une forme d'abandon et de fuite. Or, vous êtes des enfants de Lumière. Lorsque j'évoque l'enfant intérieur, c'est de cet enfant en vous dont je parle, et vous ne pouvez plus le laisser tomber, car

c'est celui qui vous permet de vous reconnecter à votre âme et votre Soi Divin.
Voilà pourquoi nous vivons ce type d'expériences. Aussi douloureuses soient-elles, elles sont de nature à vous réaligner dans votre axe, avec l'Amour.
Tout l'Amour qui descend sur terre doit s'incarner dans chacune de nos cellules. Ainsi, nous faisons face à toutes les parts de nous-mêmes et Dieu sait si elles peuvent parfois être nombreuses ! Ce n'est pas mauvais, elles ont simplement besoin d'Amour.
C'est comme un enfant qui tire sur votre manche pour attirer votre attention.

Cela peut aussi sembler difficile actuellement pour les couples. 2023 est l'année de la réunification des couples sacrés.
Ils vont incarner une énergie extrêmement puissante à deux : 1 + 1 = 3, c'est-à-dire une

troisième entité, le couple sacré et non 1 + 1 = 2, le couple fusionnel.
Les couples Hollywood sont terminés. D'ailleurs, certaines personnes vont tellement s'élever vibratoirement qu'elles ne pourront pas rester avec leur conjoint.
Il est en effet nécessaire de libérer l'espace pour magnétiser ce que j'appelle « un partenaire d'évolution », pour ensemble vous unifier et incarner le couple sacré.
La terre a besoin de cette énergie d'Amour actuellement.Ce sont des faisceaux de lumière qui se répandent sur notre planète.
Voilà pourquoi beaucoup de séparations se produisent en ce moment, mais rassurez-vous, la période qui arrive est propice aux retrouvailles.

Au regard de la physique quantique, vous pouvez rencontrer 2 types de personnes : celles qui vous mettent dans l'inconfort et celles qui vous attirent.

Toutes sont des hologrammes. Elles représentent une part de vous-même. Plus vous allez accueillir les situations que vous rencontrez et plus votre paysage va se métamorphoser.
En réalité, tout ce qui vous énerve chez une personne est une part de vous-même qui a besoin d'être aimée.
Il peut également se produire un phénomène d'attraction/répulsion.
C'est-à-dire que vous êtes attiré par quelqu'un parce que vous admirez un aspect en elle, mais sa présence va malgré tout vous faire vivre quelque chose d'intérieurement douloureux.
Si par exemple, vous êtes face à une personne dont le comportement d'impatience vous exaspère, cela signifie que cette part d'impatience est une « part d'ombre » en vous que vous n'acceptez pas.
Tant que vous ne l'accueillez pas, tant que vous n'y déposez pas de l'Amour,

l'expérience va se répéter encore, encore et encore.
Cette part qui réagit est une part de vous-même qui manque d'Amour et qui se manifeste face à vous dans la matière pour dire : « Regarde-moi, arrête de me rejeter, d'être dans le déni, j'ai besoin de ton amour ».
La situation réveille souvent une blessure qui a besoin d'être vue, conscientisée, sur laquelle la Grâce, le Soi Divin a besoin de poser son regard afin de la transmuter.
Cela peut être aussi rapide que cela. Mais si vous n'avez pas ce réflexe de vous poser en observateur, vous restez prisonnier des méandres du mental.
Rappelez-vous que vous n'êtes pas votre personnage, vous êtes le Divin incarné sur terre.

Je vous propose maintenant de réaliser ensemble un exercice.

Prenez une feuille et tracez un trait au milieu.

Repensez à un cas concret où le comportement d'une personne vous agace. Quel est ce comportement ?
Notez cette expérience récurrente, qu'elle soit professionnelle, amicale ou sentimentale et écrivez l'attitude qui vous énerve.
Voici quelques exemples : l'impatience, la manipulation, le comportement fuyant, l'intolérance, le jugement, l'arrogance, la rigidité, la colère, l'injustice, le mensonge, la dépendance, la difficulté à s'engager, l'égocentrisme, le besoin de materner, le manque d'écoute, la frivolité...

Ensuite, sur la colonne de droite, écrivez ce que vous admirez, ce qui vous attire chez une personne de votre choix, que ce soit un ami, un collègue, un partenaire.
Cela peut être par exemple sa détermination, sa capacité à prendre des risques, son

rayonnement, son authenticité, son assurance, sa confiance en soi, son énergie, sa créativité, son dynamisme, son ouverture, sa joie, sa légèreté, sa capacité de transformation, sa gaité, son rire, ses talents, sa droiture, sa sincérité, sa passion, son courage.

Soyez 200% honnête en réalisant cet exercice, même si ce n’est pas facile.
J’en profite pour rappeler que la cinquième dimension est un monde d’authenticité.

Nous ne sommes pas des robots dans un monde où nous nous ressemblons tous.
Nous nous souvenons que nous sommes des êtres uniques, dans l’Unité de la conscience universelle, Uni-vers-elle en langage alchimique, unis vers la Source, la Grâce.
Plus vous réussirez à identifier ce qui vous insupporte et vous attire chez une personne, plus vous apprendrez à vous connaître.

Ceux qui se connaissent ont une meilleure capacité à s'aimer, à s'accepter tels qu'ils sont et à ascensionner.
Dans cet Amour de soi, il est aussi plus facile de se connecter à nos capacités extrasensorielles et à notre intuition.

Je vous invite maintenant à regarder ce que vous avez inscrit dans la colonne de gauche.
Voyez que le mot que vous avez noté est une part de vous-même, bien cachée que vous n'acceptez pas chez vous.

Voici un exemple personnel pour illustrer :
Une amie me confie récemment ne pas supporter son mari en ce moment.
À la question pourquoi, elle me répond : « Il est hyper négatif. Tous les matins, il râle, je n'en peux plus ! ».
Je lui demande alors comment elle se perçoit elle-même.

Elle me répond : « Je suis positive, hyper solaire, je suis boute-en-train, je fais rigoler la galerie... ».

Je lui explique alors ce que je viens de vous partager.

Elle me réplique : « Tu crois que sa négativité est une part de moi bien cachée ? Cela veut dire que je serais négative ? Mais non, je ne suis pas négative ! ».

Je l'ai néanmoins invitée à méditer sur cette question et à aller rencontrer cette part au fond d'elle-même.

Mon amie suit donc ce protocole. Elle vient me voir le soir suivant et me dit : « Un matin, suite à notre conversation et méditation, mon mari s'est levé et m'a parlé du rêve qu'il avait fait durant la nuit et son souhait de mettre en place de nouveaux projets.Il m'a confié combien cela le faisait vibrer.

Je suis vraiment surprise ! Je n'ai jamais vu mon mari aussi positif, il est même plus positif que moi ! ».

Eh oui, les transformations peuvent être aussi rapide que cela !
Peut-être, vous interrogez-vous sur la façon dont il est possible de se connecter à ces parts de soi-même ?

Voici comment vous pouvez procéder :
Vous vous mettez en méditation avec l'intention d'entrer en contact avec cette part de vous et vous lui dites : « Chère part de moi, je t'appelle. Je te demande de te manifester à moi ».
Il est possible que vous receviez une vision, une image ou un ressenti.
Si rien n'apparaît, ce n'est pas grave. Il suffit d'avoir l'intention sincère de l'appeler pour qu'elle se manifeste dans l'invisible.
De cette manière, vous créez un espace d'accueil pour elle en vous-même, vous lui notifiez que vous avez conscience qu'elle existe.

Ensuite, vous invitez toutes vos ressources et celles de votre équipe de Lumière, la terre mère et le Père, le soleil central et vous enveloppez cette part d'Amour.
Vous pouvez vous adresser à elle ainsi : « Je sais que tu es là en moi, même si je ne veux pas l'admettre, même si je te juge, je te vois et je t'accueille. Pardonne-moi, je t'accueille, je t'aime et je t'accepte. »
Acceptez est vraiment essentiel.
Dans le passé, on nous a enseigné que certaines parts de nous n'étaient pas dignes. Tout a été fait pour que l'on s'auto-sabote nous-mêmes.
Nous n'avons même pas besoin de nous punir, nous le faisons déjà à travers notre mental avec le jugement, la culpabilité et la honte.
Actuellement je vois cependant beaucoup de personnes qui se libèrent, qui brisent leurs chaînes et c'est magnifique.

J'ai, moi aussi vécu récemment une expérience similaire. J'attendais à la poste et devant moi se tenait une personne très impatiente. Elle tapait du pied et je me suis sentie très agacée.
Immédiatement, je me suis rappelée que c'était sans doute une part de moi dans la matière qui, en réalité, est à l'intérieur de moi. J'ai vu cela comme une opportunité de transmutation.
Je me suis dit : « Chère part impatiente, manifeste-toi à moi. Je te vois, je t'accueille, je te donne de l'Amour, merci ».
La minute d'après cette femme s'est retournée vers moi et m'a dit : « vous pouvez prendre ma place, je vais aller faire des courses, car la queue est longue aujourd'hui.»

Voilà comment j'agis en physique quantique. Cela me permet de libérer de la place encore une fois et de retrouver la paix intérieure.

De cette manière, nous réharmonisons nos parts, car toute dualité est le reflet d'un manque d'Amour.

Pour ceux qui ont des dépendances envers des personnes ou bien des substances, cela traduit simplement un manque de reliance avec la Grâce, avec la Source, avec l'Amour. C'est juste cela.
Cette prise de conscience permet de faire le chemin inverse et de déverser cet Amour à soi-même.
Je repère cette part et je lui donne de l'Amour. Nous pouvons aussi explorer davantage et voir le besoin et le trauma derrière notre comportement.

Une personne par exemple qui veut toujours avoir raison est peut-être un enfant à qui on ne laissait jamais la parole.
Qui se manifeste dans ces situations ?

C'est bien souvent l'enfant blessé qui a besoin d'Amour et qui essaie de trouver sa place.
Sans ces prises de conscience, il est impossible d'élever ses vibrations.
Une personne qui fume intensément a beau savoir que cela tue, elle n'arrêtera pas tant qu'elle ne prendra pas conscience que derrière la cigarette, elle étouffe un besoin.
Sans cela, il lui est impossible de s'élever en conscience. Une fois qu'elle réalise cela, elle n'a même plus besoin de volonté ou de se battre contre cette habitude, cela se fait tout seul.
Voilà en quoi consiste la pratique spirituelle. Je fais le rangement à l'intérieur de moi et j'aide les personnes à en faire autant.

Au fond, plus vous offrez de l'Amour à ces parts, plus vous changez votre réalité.
Quand ces aspects de vous sont conscientisés, vous n'allez plus attirer le

même type de personnes, comme des manipulateurs pervers ou des égoïstes. Quand vous observez que le paysage change, c'est que vous avez fait le travail.

Actuellement, le processus s'accélère. Dans le nouveau paradigme, tout est paisible. C'est un monde où l'on ne cherche pas l'amour à l'extérieur, on l'incarne. Nous nous en souvenons et nous avons juste envie de le diffuser, de le rappeler à tous les êtres sur Terre.

Dans la cinquième dimension, nous sommes dans notre flot de créativité, de joie, d'Amour et de partage.
Il n'y a ni calcul, ni manipulation. Le système pyramidal disparaît au profit d'un système circulaire, où tout est fluide et facile.
La notion de libre-arbitre n'existe même plus. Les charges mentales et émotionnelles

sont absentes. Vous passez dans une vibration qui se situe au-delà.
La cinquième dimension est la voie du détachement.
C'est aussi celle du désencombrement pour créer cet espace de vacuité. Quand une carafe est vide, vous pouvez y verser de l'eau. C'est une phase où vous allez vivre la désidentification du mental et de l'égo et tout l'exercice consiste à se placer en observateur pour ne plus se laisser hypnotiser.
Bien entendu, cela ne signifie pas être en déni de ses ressentis.
Bien souvent, nous avons appris à étouffer nos émotions, or, elles sont les bienvenues. Elles n'ont pas à être repoussées.
Au contraire, plus vite vous les acceptez, plus elles se transforment rapidement.
Il m'arrive aussi parfois d'être aux prises avec une émotion.

Lorsque cela se produit, je me rappelle ces mots : « Tout est temporaire, tout passe, absolument tout. »
Ainsi, le mental s'apaise. Mais, si nous figeons l'émotion, si nous commençons à croire qu'elle ne partira jamais, c'est la panique totale à bord.

Ainsi, la tristesse par exemple peut être ponctuellement pleurée, mais ensuite on s'en détache, puisqu'instantanément, nous nous rappelons que ce n'est pas ce que nous sommes.
Quand vous vous sentez libre à l'intérieur de vous, cela commence à rayonner tout autour de vous.
Ce travail d'Amour pour vous-même est votre priorité et vous le voyez se manifester dans votre environnement.
C'est magnifique !
Vos animaux changent, votre conjoint, vos enfants se transforment, parce que vous

vous métamorphosez à l'intérieur et ce qui est dehors n'est que le reflet de ce qui se trouve à l'intérieur.
Les éléments extérieurs ne sont que des hologrammes destinés à vous faire travailler sur des aspects intérieurs.
Au fond, nous remettons de l'ordre à l'intérieur pour le voir à l'extérieur.

Passons maintenant au deuxième volet de cet exercice. Tout ce que vous admirez chez cette personne sont des qualités que vous avez en vous et qui ont besoin d'être vues et mises en valeur.
Bien souvent, votre égo pense que vous ne possédez pas ces qualités.
Or, elles font partie du « package » du Soi Divin. Ces qualités sont intrinsèques et puisque vous pouvez les repérer dans l'hologramme à l'extérieur, vous les portez obligatoirement en vous.

Quand vous conscientisez ces qualités, vous mettez le focus sur ce qui a besoin d'être mis en Lumière et développé en vous.
C'est le reflet de votre propre diamant, un diamant qui aurait pris la poussière.
Au lieu d'aller le chercher à l'extérieur, vous allez le dépoussiérer, le nettoyer, et remettre de la valeur dessus.
Ce que vous avez écrit sont donc des qualités que votre âme vous demande de développer.

À une époque, j'étais amie avec un conférencier et j'avais énormément d'admiration pour cet homme.
Je faisais alors des accompagnements individuels, j'animais des stages, mais je n'avais encore jamais donné de conférences de ma vie et je me sentais incapable de le faire.
En faisant cet exercice, j'aurais pu noter : « Ce que j'admire chez cette personne, c'est son rayonnement, la façon dont il s'exprime

avec le cœur ». En admirant cette qualité chez lui, je comprends que si je développe cela en moi, je n'ai plus besoin de l'admirer à l'extérieur.
Dans cet exemple, je suis montée sur scène devant 250 personnes. Bien sûr, j'avais peur, mais passer à l'action a fait disparaître mes craintes.
Par la suite, je n'ai plus eu besoin de donner des conférences, car il était juste nécessaire pour moi de transcender cet aspect en moi et m'offrir ce que j'avais reconnu chez cet ami en miroir.
Grâce à cette attitude, nous gagnons en estime et en confiance. La confiance en soi provient de l'estime de soi.
Plus vous vous attribuez des médailles, c'est-à-dire que vous vous félicitez à reconnaître vos qualités, plus vous avez de l'estime et plus vous avez de l'estime, plus vous cultivez la dignité et la confiance en soi.

J'ai conscience que ce message contient une mine d'informations.
Ne soyez pas inquiets si tout n'est pas compréhensible immédiatement.
Votre Soi Divin a ressenti les messages et vous les avez inévitablement reçus.
Avec la pratique votre conscience va se modifier. Il en est de même lors des stages que j'anime où les personnes vivent 3 jours de transformations intenses.
Les messages transmis continuent à infuser, en mode sachet de thé, dans les jours et les semaines qui suivent.
Parfois, une prise de conscience va en déclencher une autre, et ainsi de suite.
Cela modifie forcément votre niveau de conscience. Quand je dis « niveau de conscience », je ne parle pas de comparaisons, mais plutôt de paliers.
Nous pourrions faire le parallèle avec un jeu vidéo, plus tu franchis de niveaux, mieux tu

navigues, plus tu vois les pièges et plus tu perçois clairement.
D'ailleurs, à chaque fois que vous vous sentez bloqué, demandez : « Je demande à voir la Vérité, je demande à voir clair ».
Cela va très vite actuellement, car les gens ne peuvent plus mentir et cela nous fait gagner du temps.

Je vous invite vivement à refaire cet exercice à chaque fois que vous vous confrontez à une blessure puissance 1000, car ce n'est jamais la faute de l'autre.
Ce ne sont que des opportunités de croissance. Il n'y a ni victime, ni bourreau.
Si vous saviez comme tout est orchestré au millimètre près !
Nous venons ici pour expérimenter l'Amour.
Vous n'êtes pas la personne dans le jeu vidéo, vous tenez les manettes.
C'est cela le Soi Divin.

Pratiquer régulièrement permet de ne plus considérer les expériences extérieures comme des évènements horribles. Vous reprenez ainsi votre bâton de pouvoir créateur.

En résumé, je conscientise, j'accepte d'avoir créé cette situation. Ce que je n'aime pas, je l'accueille, je le guéris, je le transmute, je m'apporte de l'Amour et ce que j'admire, je me l'offre et je le développe.

Souvenez-vous aussi dans les temps qui courent d'envoyer de la compassion et de la Lumière lorsque vous rencontrez des personnes agressives ou méchantes.
Chaque personne qui fait du mal est une personne en souffrance.
Il est impossible de causer du tort à quiconque en étant heureux. Puis, si l'expérience provoque un inconfort en vous,

pratiquez à nouveau l'exercice. Cela change le paysage.

Progressivement, vous commencerez à attirer d'autres types de personnes, que ce soit des collègues, des partenaires amicaux, professionnels ou sentimentaux, vous verrez combien vous avez libéré.
La blessure de rejet sera moins douloureuse.

Et surtout, ne vous découragez pas !

La guérison est un oignon. Elle se produit par couches successives. Même si une situation revient, c'est pour que le nettoyage puisse se faire encore davantage en profondeur, pour que ce soit vraiment propre, afin que seul l'Amour puisse prendre possession de toutes les cellules de votre corps, au millimètre de votre ADN.
Le monde vers lequel nous nous dirigeons est tellement beau !

En vision, je vois vraiment des personnes dans le partage et l'ouverture du cœur, dans l'entraide, le respect de soi et des autres, dans l'Amour de soi et d'autrui.
Tout cela me fait vibrer. En attendant, usons de notre discernement.

Je vous envoie plein d'Amour et de Lumière.
Merci.

Merci à toute l'équipe de Lumière, merci à vos anges, vos guides, les maîtres ascensionnés présents.

Merci d'être qui vous êtes.

Merci d'œuvrer pour l'humanité, car en réalisant ce travail de réunification, de reliance au Divin, de paix et d'Amour en vous, vous apportez cela à la terre mère.

C'est la raison de notre présence.

Nous sommes là pour l'aider et bénéficier de ce nouveau monde que tous ensemble, nous sommes en train de créer dans l'ère du verseau.

Cindy Phan
Canal et énergéticienne quantique
Chaîne Youtube : Cindy Phan
Site : www.cindyphan.fr

Annexes :

"Maître Saint Germain" est un guide, un maître ascensionné ;
"Archange Michaël" est un être de Lumière également qui fait partie des sept archanges ;
"Gaïa" est le nom de la Terre mère.
Lorsque j'emploie le mot "équipe" il s'agit de vos anges gardiens, guides, maîtres ascensionnés, défunts ; ce sont les êtres de Lumière qui veillent sur vous et vous accompagnent dans votre évolution et ascension spirituelle. Par "équipe" entendez aussi les forces de la Lumière en qui vous croyez / estimez comme Dieu ou l'Univers.

Dépôt légal Juillet 2023.

Retrouvez tous mes services :
www.cindyphan.fr

Retrouvez toutes mes vidéos sur ma chaine Youtube :
https://www.youtube.com/@cindy-phan

Retrouvez-moi sur Instagram :
https://www.instagram.com/cindyphan.official/.

Printed in Great Britain
by Amazon

25916935R00046